My name is:

Mi nombre es:

____

A a

Airplane

Avión

A a

Avocado

Aguacate

B b

Bicycle

Bicicleta

B b

Boat

Bote

C c

Chocolate

Chocolate

C c

Coffee

Café

D d

Dice

Dado

D d

Dinosaur

Dinosaurio

E e

Elephant

Elefante

E e

Emerald

Esmeralda

F f

Flamingo

Flamenco

F f

Flower

Flor

G g

Gorilla

Gorila

G g

Gloves

Guantes

H h

Hamburger

Hamburguesa

H h

Hole

Hoyo

I i

Igloo

Iglú

I i

Iguana

Iguana

J j

Jaguar

Jaguar

J j

Juice

Jugo

K k

Kayak

Kayac

K k

Kiwi

Kiwi

L l

Lamp

Lámpara

L l

Lemon

Limón

M m

Manatee

Manatí

M m

Mountain

Montaña

N n

Night

Noche

N n

Nut

Nuez

O o

Orca

Orca

O o

Orchid

Orquídea

P p

Paint

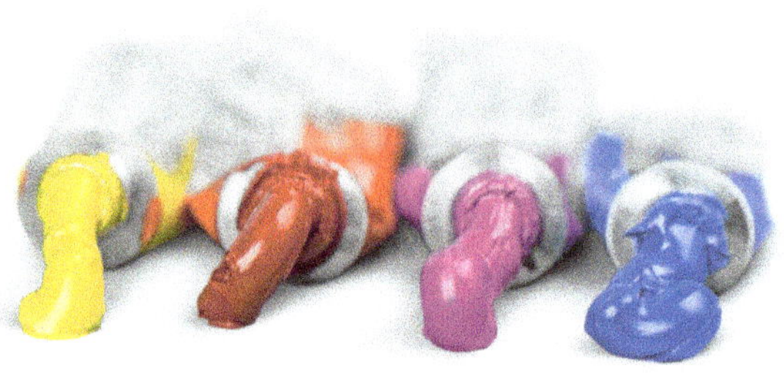

Pintura

P p

Pineapple

Piña

Q q

Quesadilla

Quesadilla

Q q

Quetzal

Quetzal

R r

Rat

Rata

R r

River

Río

S s

Salt

Sal

S s

Sun

Sol

T t

Tomato

Tomate

T t

Tractor

Tractor

U u

Unicorn

Unicornio

U u

Universe

Universo

V v

Volcano

Volcán

V v

Violin

Violín

W w

Waffle

Wafle

W w

Wok

Wok

X x

Xylocopa

Xylocopa

X x

Xylophone

Xilófono

Y y

Yak

Yak

Y y

Yogurt

Yogur

Z z

Zigzag

Zigzag

Z z

Zoo

Zoológico

PUEDO TRAZAR Y COLOREAR

I CAN TRACE AND COLOR

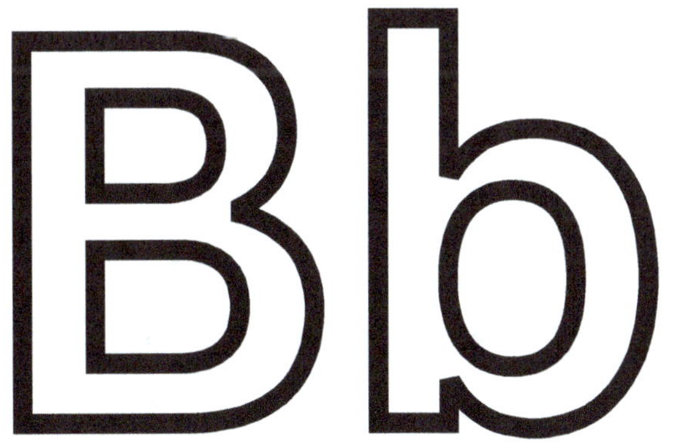

PUEDO TRAZAR Y COLOREAR

I CAN TRACE AND COLOR

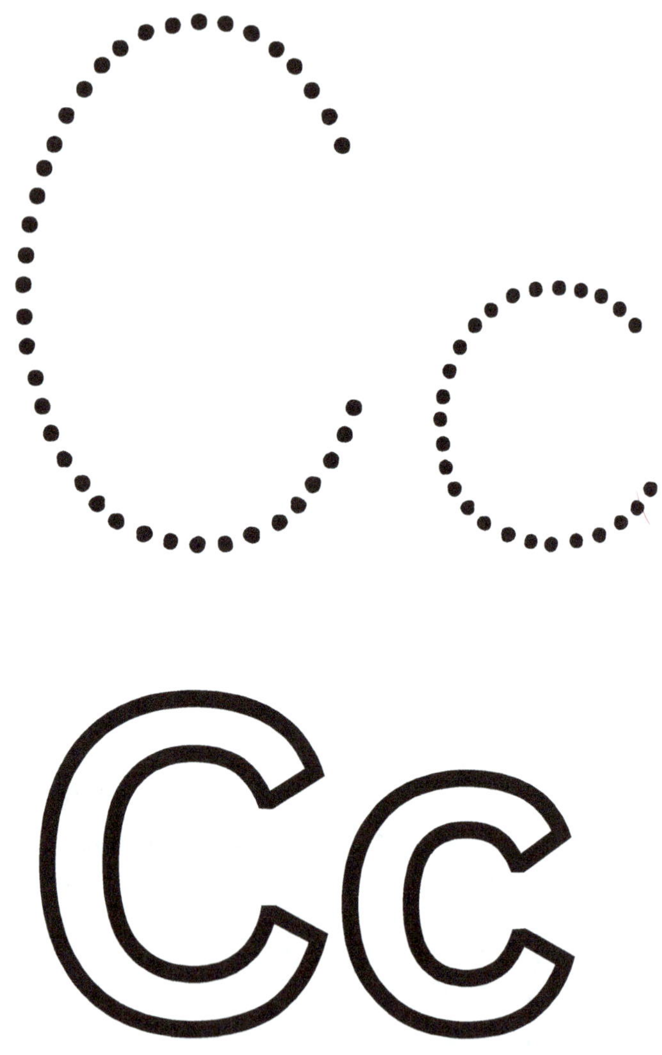

PUEDO TRAZAR Y COLOREAR

I CAN TRACE AND COLOR

PUEDO TRAZAR Y COLOREAR

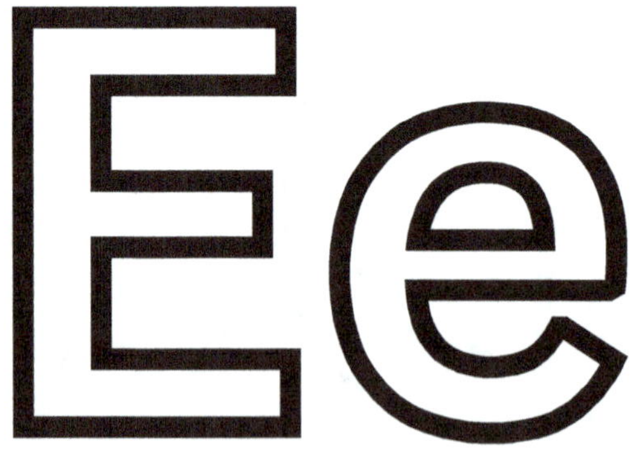

I CAN TRACE AND COLOR

PUEDO TRAZAR Y COLOREAR

I CAN TRACE AND COLOR

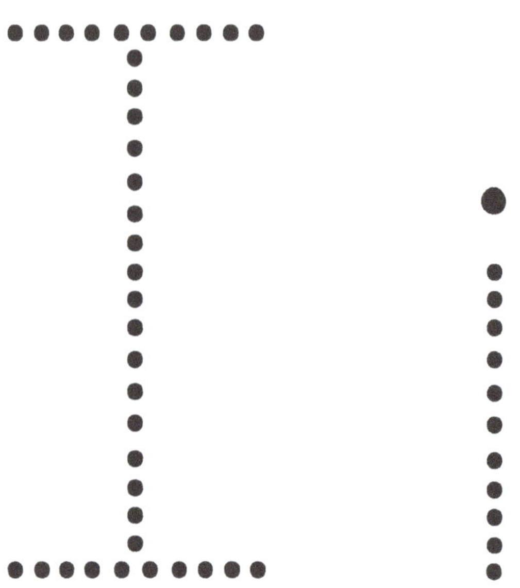

PUEDO TRAZAR Y COLOREAR

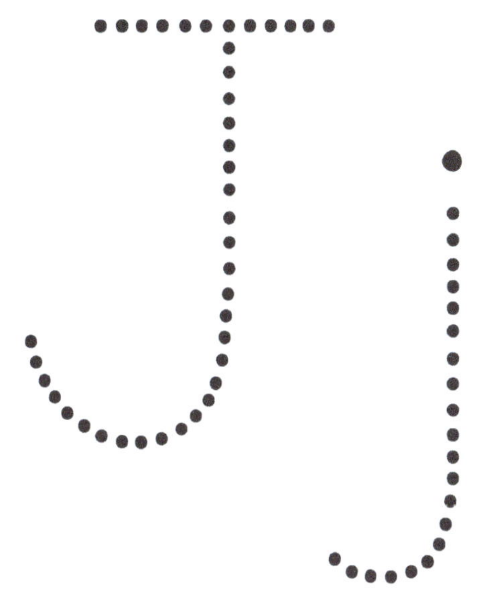

PUEDO TRAZAR Y COLOREAR

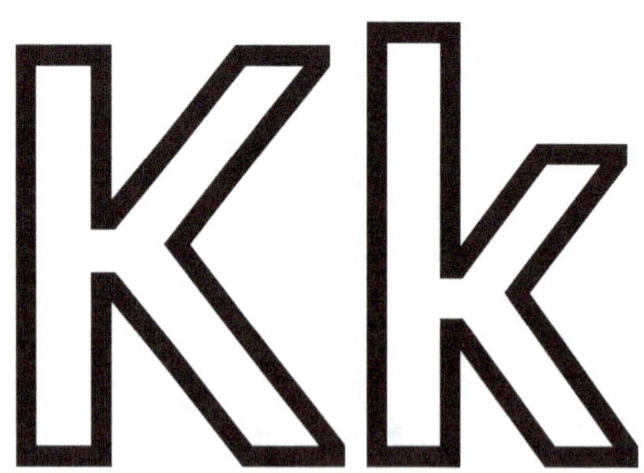

I CAN TRACE AND COLOR

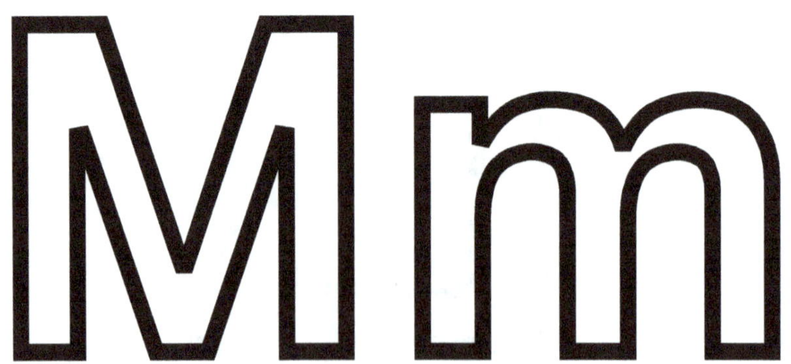

PUEDO TRAZAR Y COLOREAR

I CAN TRACE AND COLOR

PUEDO TRAZAR Y COLOREAR

I CAN TRACE AND COLOR

PUEDO TRAZAR Y COLOREAR

I CAN TRACE AND COLOR

PUEDO TRAZAR Y COLOREAR

PUEDO TRAZAR Y COLOREAR

Rr

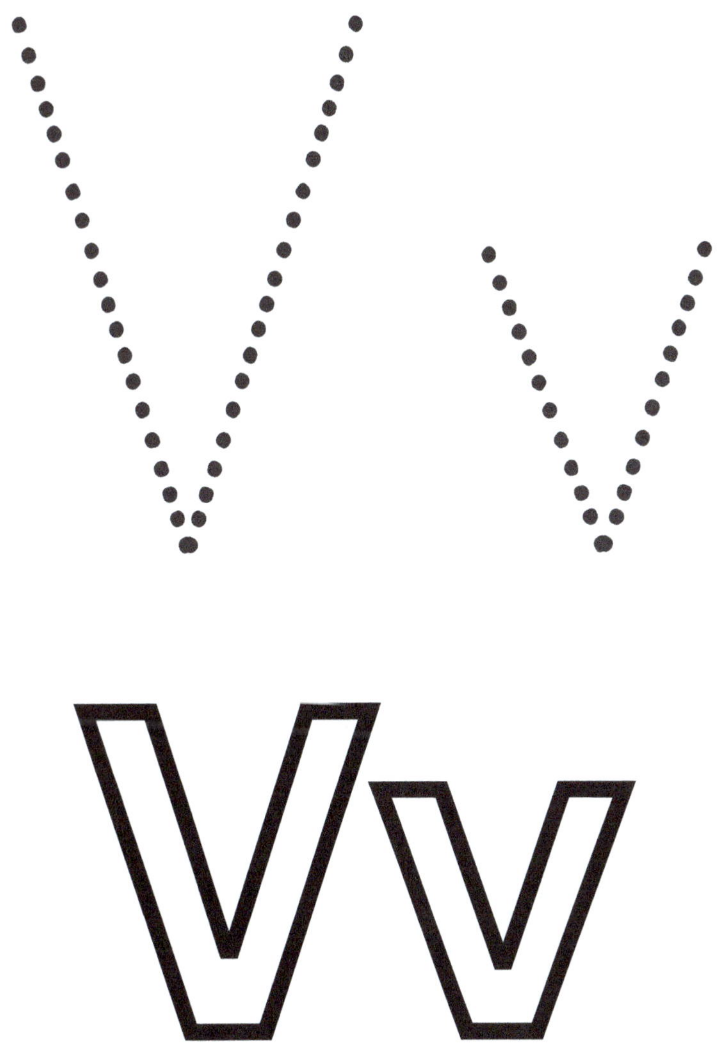

I CAN TRACE AND COLOR

PUEDO TRAZAR Y COLOREAR

I CAN TRACE AND COLOR

PUEDO TRAZAR Y COLOREAR

I CAN TRACE AND COLOR

PUEDO TRAZAR Y COLOREAR

I CAN TRACE AND COLOR

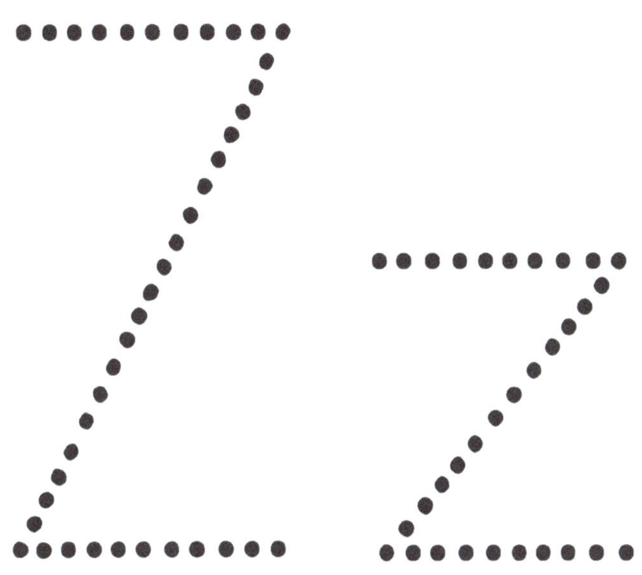

PUEDO TRAZAR Y COLOREAR

I CAN DRAW

PUEDO DIBUJAR

I CAN DRAW

PUEDO DIBUJAR

I CAN DRAW

PUEDO DIBUJAR

I CAN DRAW

PUEDO DIBUJAR

I CAN DRAW

PUEDO DIBUJAR

I CAN DRAW

PUEDO DIBUJAR

I CAN DRAW

PUEDO DIBUJAR